Para ————————————

De ————————————

Porque _____ es horroroso.

(cosa horrible)

Para Lydia, Abigail y Margaret Huck
F. P. H.

Para Emma Horne
J. F.

Título original: *Some Things Are Scary*
Adaptación: Marta Ansón

Editado por acuerdo con Walker Books Limited, Londres

Texto © 2000 Florence Parry Heide
Ilustraciones © 2000 Jules Feiffer

Primera edición en lengua castellana para todo el mundo:

© 2004 Ediciones Serres, S. L.
Muntaner, 391 - 08021 - Barcelona
www.edicioneserres.com

El texto de este libro ha sido compuesto en Soupbone.
Las ilustraciones han sido realizadas en acuarela y rotulador.

ISBN: 84-8488-157-1

Impreso en Italia

¡Qué horror!

Florence Parry Heide

Ilustrado por

Jules Feiffer

ediciones
serreS

Un abrazo de alguien que
no te gusta...

¡Qué horror!

Pisar
descalzo
algo blandito.

¡Qué horror!

¿Y si nadie te eligiera
para su equipo?

¡Qué horror!

Oler una linda flor
con "sorpresa".

¡Qué horror!

Pensar que podrías haber
sido otro.

¡Qué horror!

Cuesta abajo, con patines y sin frenos.

¡Qué horror!

Tomas una mano...
y no es la de tu mamá.

¡Qué horror!

Cepillarse los dientes
con algo que no es
pasta de dientes.

¡Qué horror!

Inventarte una
mentira.

¡Qué horror!

Alguien que te empuja demasiado fuerte.

¡Qué horror!

Descubrir que tu amigo del alma. . .

Jugar al escondite y. . .

ya no lo es, ¡qué horror!

no encontrar a nadie, ¡qué horror!

Tu mejor amigo se va del barrio.

¡Qué horror!

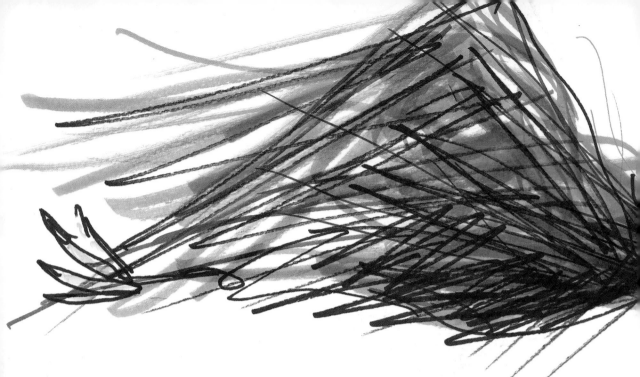

Pensar que un pajarraco lleno
de dientes puede atraparte.

¡Qué horror!

Repites tu nombre
y siguen sin entenderte.

¡Qué horror!

Recibir una riña.   ¡Qué horror!

Encontrar una sorpresa
cuando buscas los
zapatos.

¡Qué horror!

Que tu madre
no recuerde dónde
ha dejado el auto.

¡Qué horror!

¿Y
si te
quedaras
así
de
bajito?

¡Qué horror!

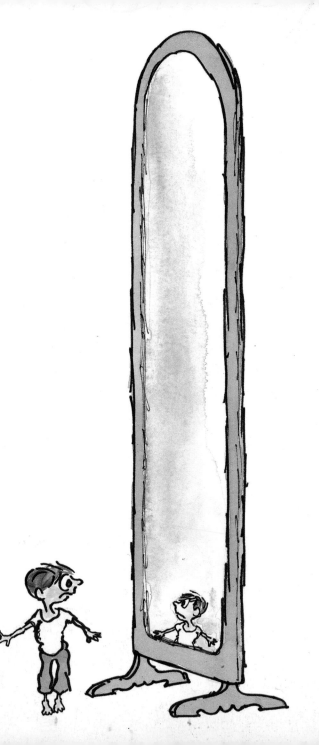

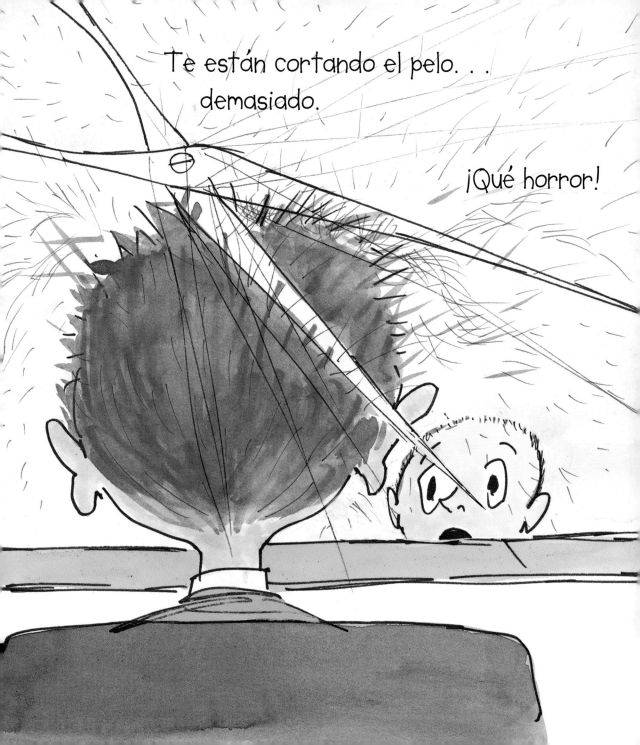

Un escalón
más alto de
lo esperado.

¡Qué horror!

No sabes por qué
te señalan y se ríen.

¡Qué horror!

Tus padres hablan de ti en voz baja.

¡Qué horror!

Subir pero no saber bajar.

¡Qué horror!

De visita
en el museo,
nunca
encuentras
la señal
de salida.

¡Qué horror!

Pensar
que algún
día serás
una persona
mayor.

¡Qué
horror!